IDÉAL

 - Dépôt légal : 1er semestre 2002 - N° d'édition : 12640/3 - ISBN 2.226.09157 2 - Imprimé en France par Pollina s.a., 85400 Luçon - n° 86270-A

Collection dirigée par Marc de Smedt et Michel Piquemal

PAROLES D'IDÉAL

Recueillies et présentées par Michel Piquemal

Images de Sren Lean Tang

ALBIN MICHEL

« L'impossible, nous ne l'atteignons pas, il nous sert de lanterne. » Existe-t-il une meilleure définition du pouvoir positif de nos utopies que cette formule lapidaire de René Char ?

Pour avancer, l'homme a besoin d'espérer en des temps meilleurs, de croire qu'il vaincra un jour ce qui le fait souffrir et le divise. Car de cette utopie rêvée naît une force, une énergie, qui permettent de mieux voir, mieux imaginer, mieux agir... L'Idéal est une bourrasque qui nous fait décoller.

On a souvent reproché aux idéalistes leur côté déraisonnable... mais sans cette folie, il n'y a pas de dépassement possible. On se contente bourgeoisement de ce que l'on a et le monde ne change pas, ou change mal !

Aujourd'hui, les grandes utopies du siècle passé sont mortes. Nous assistons à leurs funérailles. Et toute forme d'idéal est devenue suspecte. N'a-t-on pas vu les grands élans communautaires déraper en dérives totalitaires ? N'a-t-on pas vu nos rêves de mondes meilleurs aboutir à des « Meilleur des mondes » comme celui d'Aldous Huxley ? Le résultat de ces constats en est une société désenchantée et désabusée...

Ce n'est pourtant pas l'idéalisme qui est dangereux, mais sa dérive en système, son détournement policé au profit d'un individu ou d'une caste. L'Idéal doit rester une force énergétique de vie. Face à la faillite de nos dirigeants et de nos systèmes... les forces oniriques de l'invention nous sont plus que jamais nécessaires !

Puisse la jeunesse qui prépare le monde de demain s'emparer de ces feux d'artifice cristallisés du Verbe utopique. Car il n'y a qu'une nouvelle génération pour oser faire mentalement table rase. Et les cris de tous ceux qui, au cours des siècles, ont osé rêver jusqu'aux plus folles limites lui sont à tout jamais destinés.

Michel Piquemal

Le difficile, c’est ce qui peut être fait tout de suite ;
l’impossible, ce qui prend un peu plus de temps.

G. Santayana

Soyez réalistes,
demandez l'impossible !

Slogan situationniste de mai 68

Oh, faire désormais de la vie
un poème de joies nouvelles !
Danser, battre des mains, exulter, crier, gambader,
tourner et tourner encore et flotter toujours !
Être le marin du monde en partance pour tous les ports,
Être le navire lui-même, (voyez donc ces voiles
que j'offre au soleil et à l'air),
Un navire rapide, à la toile gonflée par le vent,
plein de riches paroles, plein de joies.

Walt Whitman

Le globe

Offrons le globe aux enfants,
au moins pour une journée.

Donnons-leur afin qu'ils en jouent
comme d'un ballon multicolore

Pour qu'ils jouent en chantant
parmi les étoiles.

Offrons le globe aux enfants,

Donnons-leur comme une pomme énorme

Comme une boule de pain toute chaude,

Qu'une journée au moins ils puissent
manger à leur faim.

Offrons le globe aux enfants,

Qu'une journée au moins le globe
apprenne la camaraderie,

Les enfants prendront de nos mains le globe

Ils y planteront des arbres immortels.

Nazim Hikmet

La voix

Une voix, une voix qui vient de si loin
Qu'elle ne fait plus tinter les oreilles,
Une voix, comme un tambour, voilée,
Parvient pourtant, distinctement, jusqu'à nous.

Bien qu'elle semble sortir d'un tombeau
Elle ne parle que d'été et de printemps.
Elle emplit le corps de joie,
Elle allume aux lèvres le sourire.

Je l'écoute. Ce n'est qu'une voix humaine
Qui traverse les fracas de la vie et des batailles,
L'écroulement du tonnerre et le murmure des bavardages.

Et vous ? Ne l'entendez-vous pas ?
Elle dit « La peine sera de courte durée »
Elle dit « La belle saison est proche ».

Ne l'entendez-vous pas ?

Robert Desnos

Amour, Amour nous nous rencontrerons
quand le bonheur du monde sera tel
que tous pourront s'asseoir à une seule table
sur une seule place.

Vitezslav Nezval

Matin

Pour trouver le sentier du couchant
Au-delà des Portes de la Colère
Je me hâte. Douce Merci me guide
Et gémit son repentir.
Je vois le saut du jour,
La guerre hérissée de lances et d'épées
Fondre sous les larmes de rosée
Et s'exhaler au ciel.
Le soleil, libéré de la peur,
Le visage couvert des larmes de la gratitude,
Escalade les cieux.

William Blake

Levée en masse

Ne serait-ce qu'une fois, si tu parlas de liberté,
Tes lèvres, pour l'avoir connue,
en ont gardé le goût du sel,
Je t'en prie,
Par tous les mots qui ont approché l'espoir
et qui tressaillent,
Sois celui qui marche sur la mer.
Donne-nous l'orage de demain.

Les hommes meurent sans connaître la joie.
Les pierres au gré des routes
attendent la lévitation.

Si le bonheur n'est pas au monde
nous partirons à sa rencontre.
Nous avons pour l'apprivoiser
les merveilleux manteaux de l'incendie.

Si ta vie s'endort
Risque-la.

Jean Malrieu

L'homme raisonnable s'adapte lui-même au monde.

Celui qui est déraisonnable persiste à vouloir adapter le monde à lui-même.

Aussi tout progrès dépend de l'homme déraisonnable.

George Bernard Shaw

Les mots vieillis

Un jour, ils apprendront des mots
qu'ils auront du mal à comprendre.
Les enfants des Indes demanderont :
« Qu'est-ce que la faim ? »
Les enfants d'Alabama questionneront :
« Qu'est-ce que la ségrégation raciale ? »
Les enfants d'Hiroshima s'étonneront :
« Qu'est-ce qu'une bombe atomique ? »
Et les enfants des écoles poseront des questions :
« Qu'est-ce que la guerre ? »

C'est toi qui leur répondras ; tu leur diras :
« Ce sont des mots désaffectés
comme les galères, les diligences ;
des mots qui ne veulent plus rien dire ;
c'est pour cela qu'on les a retirés du
dictionnaire. »

Jean Debruyne

Un jour

Il y aura autre chose que le jour

Une chose plus franche, que l'on appellera le Jodel

Une encore, translucide comme l'arcanson

Que l'on s'enchâssera dans l'œil d'un geste élégant

Il y aura l'auraille, plus cruel

Le volutin, plus dégagé

Le comble, moins sempiternel

Le baouf, toujours enneigé

Il y aura le chalamondre

L'ivrunini, le baroïque

Et tout un planté d'analognes

Les heures seront différentes

Pas pareilles, sans résultat

Inutile de fixer maintenant

Le détail précis de tout ça

Une certitude subsiste : un jour

Il y aura autre chose que le jour.

Boris Vian

Demain, mon fils, tout sera différent.
L'angoisse s'en ira par la porte du fond,
fermée à jamais,
par les mains d'hommes nouveaux.

Sur sa terre, le paysan rira
sur sa terre, petite mais bien à lui
sur sa terre, fleurie par les baisers
joyeux de son labeur,
le paysan rira.

On ne prostituera plus les filles de l'ouvrier
ni celles du paysan ;
leur travail

— honnête —
saura les nourrir et les vêtir.

Finies les larmes dans les foyers prolétaires.

Tu riras, heureux, du rire que soulèveront
les routes goudronnées, l'eau des rivières,
les chemins vicinaux…

Demain, mon fils, tout sera différent ;
plus de fouet, plus de prison,
plus de balle de fusil pour étouffer les idées.
Tu marcheras dans les rues de toutes les villes,
main dans la main avec tes enfants,
ce qu'aujourd'hui je ne peux pas faire avec toi.
La prison n'enfermera pas tes jeunes années
comme elle enferme les miennes ;
tu ne mourras pas en exil,
les yeux perdus,
submergé de nostalgie,
comme est mort mon père.
Demain, mon fils, tout sera différent.

Edwin Castro,
poète assassiné au Nicaragua en 1960
par la dynastie Somoza

Les hommes sont hantés par les songes,
et les actions qui ont la couleur des songes
sont plus fortes que les dieux.

André Malraux

N'est-elle pas inique et ingrate la société qui prodigue tant de biens à ceux qu'on appelle nobles, à des joailliers, à des oisifs, ou à ces artisans de luxe, qui ne savent que flatter et servir des voluptés frivoles quand, d'autre part, elle n'a ni cœur, ni souci pour le laboureur, le charbonnier, le manœuvre, le charretier, l'ouvrier, sans lesquels il n'existerait pas de société ? Dans son cruel égoïsme, elle abuse de la vigueur de leur jeunesse pour tirer d'eux le plus de travail et de profit ; et dès qu'ils faiblissent sous le poids de l'âge ou de la maladie, alors qu'ils manquent de tout, elle oublie leurs nombreuses veilles, leurs nombreux et importants services, elle les récompense en les laissant mourir de faim. [...]

En Utopie, au contraire, où tout appartient à tous, personne ne peut manquer de rien, une fois que les greniers publics sont remplis. Car la fortune de l'État n'est jamais injustement distribuée en ce pays ; l'on n'y voit ni pauvre ni mendiant, et quoique personne n'ait rien à soi, cependant tout le monde est riche. Est-il en effet de plus belle richesse que de vivre joyeux et sans inquiétude ni souci ? Est-il un sort plus heureux que celui de ne pas trembler pour son existence ?

Thomas More

Social

Si tous
avec la liberté
avaient le pain et le vin
pas de femme gangrenée de travaux
mais clair de lune à discrétion
et cœur brûlant
au fil du long dégel
de chacune à chacun

le ciel
sans nous briser
nous gonflerait de sa musique
la vie serait un opéra

Michel Leiris

Le manifeste des Égaux

Nous prétendons désormais vivre et mourir égaux, comme nous sommes nés : nous voulons l'égalité réelle ou la mort. […] La Révolution française n'est que l'avant-courrière d'une autre révolution bien plus grande, bien plus solennelle, et qui sera la dernière. […]
Plus de propriété individuelle, la terre n'est à personne ; les fruits sont à tout le monde. Nous ne pouvons plus souffrir que la majorité des hommes travaille et sue au service et pour le bon plaisir d'une petite minorité. Qu'il cesse enfin ce grand scandale que nos neveux ne voudront pas croire. Disparaissez, révoltantes distinctions de riches et de pauvres, de grands et de petits, de maîtres et de valets, de gouvernants et de gouvernés.
Qu'il ne soit plus d'autre différence entre les hommes que l'âge et le sexe ; tous ont les mêmes besoins et les mêmes facultés ;

qu'il n'y ait donc plus pour eux qu'une même éducation et une même nourriture. Il n'y a qu'un seul Soleil, un seul air pour tous.
Le moment des grandes mesures est arrivé ; le mal est à son comble ; le chaos, sous le nom de politique, règne sur la terre depuis trop de siècles... Qu'à la voix de l'égalité, les éléments de la justice et du bonheur s'organisent, l'instant est venu de fonder la *République des Égaux*, ce grand hospice offert à tous les hommes. Les jours de la restitution générale sont arrivés. Familles gémissantes, venez vous asseoir à la table commune dressée par la nature pour tous ses enfants...
Peuple de France, ouvre les yeux et le cœur à la plénitude du bonheur ; reconnais et proclame avec nous la *République des Égaux.*

Gracchus Babeuf

Nous n'irons pas au but un par un mais par deux
Nous connaissant par deux nous nous connaîtrons tous
Nous nous aimerons tous et nos enfants riront
De la légende noire où pleure un solitaire.

Paul Eluard

J'ai fait un rêve aujourd'hui. J'ai rêvé qu'un jour sur les collines rousses de Géorgie, les fils des anciens esclaves et les fils de ceux qui furent leurs maîtres prendraient place tous ensemble à la table de la fraternité et rompraient le même pain. [...] Quand nous laisserons sonner la cloche de la liberté, dans chaque village et chaque hameau, dans chaque État et chaque ville, nous pourrons alors faire avancer le jour où tous les enfants de Dieu, les Noirs et les Blancs, les juifs et les gentils, les protestants et les catholiques pourront se tenir les mains et chanter les paroles de ce vieux cantique noir :
« Libres enfin. Libres enfin. Grâce en soit rendue au Dieu tout-puissant, nous sommes enfin libres. »

Martin Luther King

5.00
ΕΛΛΑΣ HELLAS ΔP. 30
1979
1976 ACCORD RAMOGE 1996
RÉPUBLIQUE FRANÇAISE
LA POSTE 3,00

**Nous sommes les membres de l'équipage
du vaisseau spatial terre.
Il ne dépend que de nous
il dépend de tout un chacun
que la planète terre tourne plus rond
que l'eau soit plus pure
que l'air soit plus propre
afin que la plante humaine
puisse continuer à fleurir
une fois tournée la page de ce siècle.
Il nous reste neuf ans jusqu'à l'an 2000
pour retrousser nos manches
et laver la maison
pour accueillir le 21e siècle.
Le neuf du neuf nonante neuf
le monde sera neuf ou veuf !
Si toutes les radios et les télévisions du monde
voulaient bien s'en donner la peine
avec tous les satellites qui gravitent
et répercutent les images et les voix,
la terre pourrait devenir en moins de trois mois
un paradis terrestre.**

Julos Beaucarne

La ronde autour du monde

Si toutes les filles du monde
voulaient s'donner la main,

tout autour de la mer,
elles pourraient faire une ronde.

Si tous les gars du monde
voulaient bien êtr'marins,

ils f'raient avec leurs barques
un joli pont sur l'onde.

Alors on pourrait faire
une ronde autour du monde,

si tous les gens du monde
voulaient s'donner la main.

Paul Fort

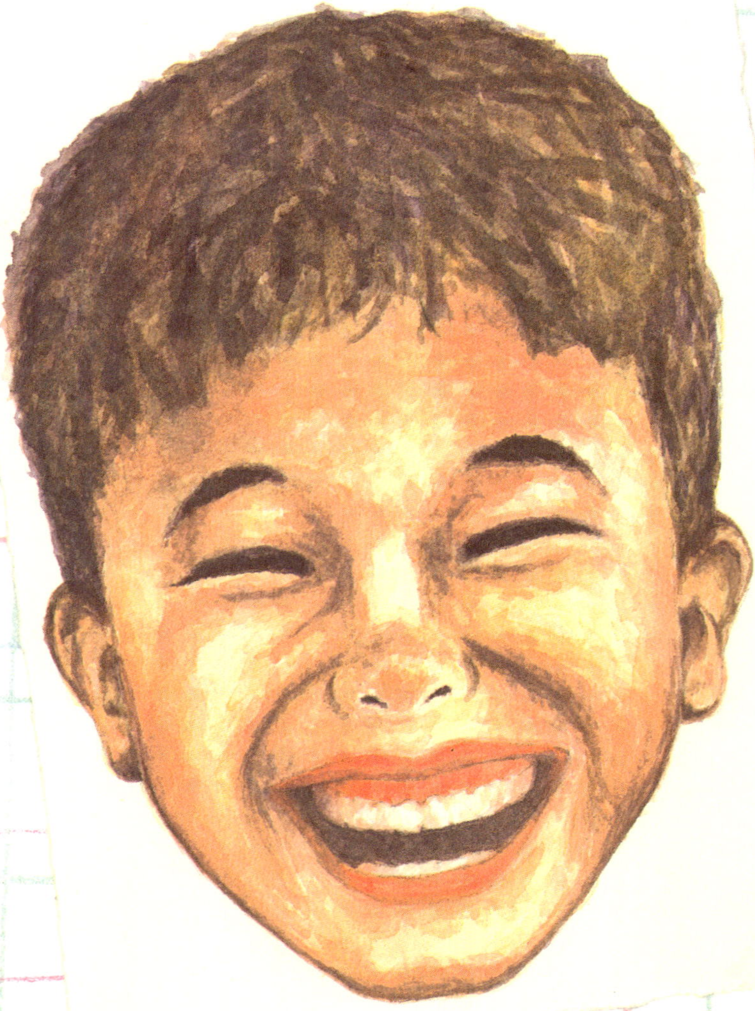

Déclaration

Je déclare l'état de bonheur permanent
Et le droit de chacun à tous les privilèges
Je dis que la souffrance est chose sacrilège
Quand il y a pour tous des roses et du pain blanc

Je conteste la légitimité des guerres
La justice qui tue et la mort qui punit
Les consciences qui dorment au fond de leur lit
La civilisation au bras des mercenaires

Je regarde mourir ce siècle vieillissant
Un monde différent renaîtra de ses cendres
Mais il ne suffit plus simplement de l'attendre
Je l'ai trop attendu je le veux à présent

Que ma femme soit belle à chaque heure du jour
Sans avoir à se dissimuler sous le fard
Et qu'il ne soit plus dit de remettre à plus tard
L'envie que j'ai d'elle et de lui faire l'amour

Que nos fils soient des hommes non pas des adultes
Et qu'ils soient ce que nous voulions être jadis
Que nous soyons frères camarades complices
Au lieu d'être deux générations qui s'insultent

Que nos pères puissent enfin s'émanciper
Et qu'ils prennent le temps de caresser leur femme
Après toute une vie de sueur et de larmes
Et des entre-deux-guerres qui n'étaient pas la paix

Je déclare l'état de bonheur permanent
Sans que ce soit des mots avec de la musique
Sans attendre que viennent les temps messianiques
Sans que ce soit voté dans aucun parlement

Je dis que désormais nous serons responsables
Nous ne rendrons de compte à personne et à rien
Et nous transformerons le hasard en destin
Seuls à bord et sans maître sans dieu et sans diable

Et si tu veux venir passe la passerelle
Il y a de la place pour tous et pour chacun
Mais il nous reste à faire encore du chemin
Pour aller voir briller une étoile nouvelle

Je déclare l'état de bonheur permanent

Georges Moustaki

Je voudrais que pendant des millénaires
Toutes les frontières soient pacifiées.
Les mûriers étaleraient leur ombre,
Les blés s'étendraient à l'infini
Et l'on n'aurait plus jamais besoin de murailles.

Cheih Tsi Sse

Être seul,
être pauvre de besoin,
être ignoré, étranger
et chez soi partout,
marcher solitaire
et grand à la conquête
du monde.

Isabelle Eberhardt

Je veux vivre dans un monde où les êtres seront seulement humains, sans autres titres que celui-ci, sans être obsédé par une règle, par un mot, par une étiquette. Je veux qu'on puisse entrer dans toutes les églises, dans toutes les imprimeries. Je veux qu'on n'attende plus jamais personne à la porte d'un hôtel de ville pour l'arrêter, pour l'expulser. Je veux que tous entrent et sortent en souriant de la mairie. Je ne veux plus que quiconque fuie en gondole, que quiconque soit poursuivi par des motos. Je veux que l'immense majorité, la seule majorité : tout le monde, puisse parler, lire, écouter, s'épanouir. Je n'ai jamais compris la lutte autrement que comme un moyen d'en finir avec la lutte. Je n'ai jamais compris la rigueur que comme un moyen d'en finir avec la rigueur. J'ai pris un chemin, car je crois que ce chemin nous conduit tous à cette aménité permanente. Je combats pour cette bonté générale, multipliée, inépuisable. De toutes ces rencontres entre ma poésie et la police, de tous ces épisodes et d'autres que je ne vais pas raconter, car ils sont identiques, et d'autres qui ne me sont pas arrivés personnellement, mais que beaucoup de gens ont subis et ne pourront plus raconter, il me reste malgré tout une foi absolue dans le destin de l'homme, la conviction chaque jour plus consciente que nous approchons de la grande tendresse. [...] Et cet espoir est irrévocable.

Pablo Neruda

Étudiants !
Tout ce que nous savons,
tout ce qu'on nous apprend,
c'est des balivernes.
La physique, la chimie,
et l'astronomie, fadaises !
Il m'a suffi de vouloir,
et je vole
au milieu des nuages.

Maintenant je puis aller partout !
Partout !
Agitons la boue poétique des ballades !
Chantez maintenant, chantez
le nouveau « Démon »
en veston américain
et bottines jaunes vernies.

Vladimir Maïakovski

Tu ne vois pas bien ?
Tu clignes des yeux pour mieux regarder ?
Tes yeux ne sont que deux petites fentes.
Il faut les élargir !
Regarde,
mes yeux énormes
sont les portes ouvertes d'une cathédrale.
Hommes !
aimés,
non aimés,
connus,
inconnus,
écoulez-vous par ce portail
en large procession.
Et lui,
l'homme
libre
que j'annonce en hurlant,
il viendra,
croyez-moi,
croyez-le !

Vladimir Maïakovski

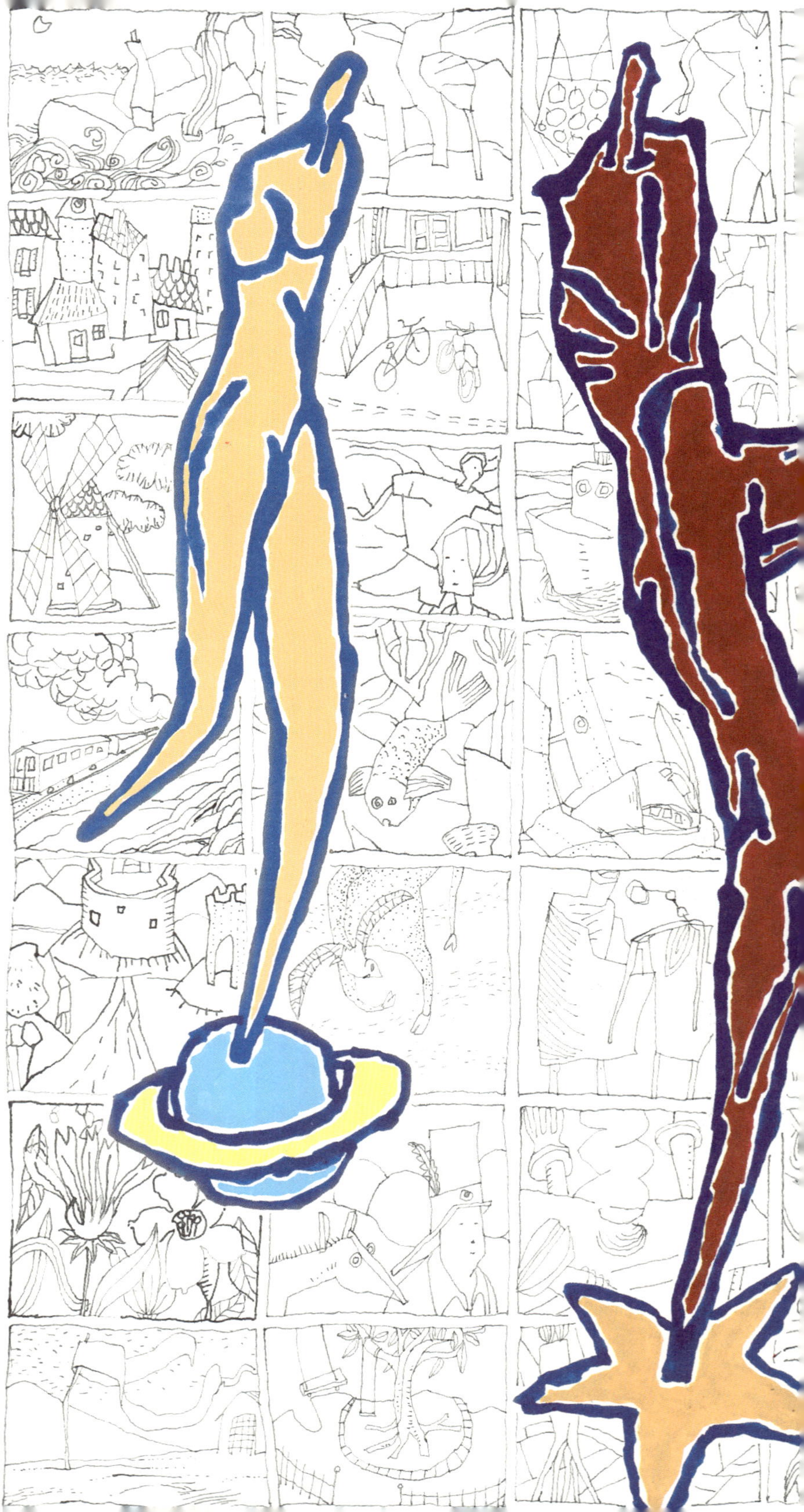

Et regardez plus haut, toujours plus haut.
Rien n'est meilleur, pour sécher ses larmes,
que de fixer une étoile.
Face aux fossiles dorés sur tranche,
aux funambules de l'esprit dont les phantasmes
en papier peint veulent vous dérober la lumière,
soyez les chevaliers.
Méprisez la combine. Croyez à l'épopée.
C'est Don Quichotte qui a raison.

Raoul Follereau

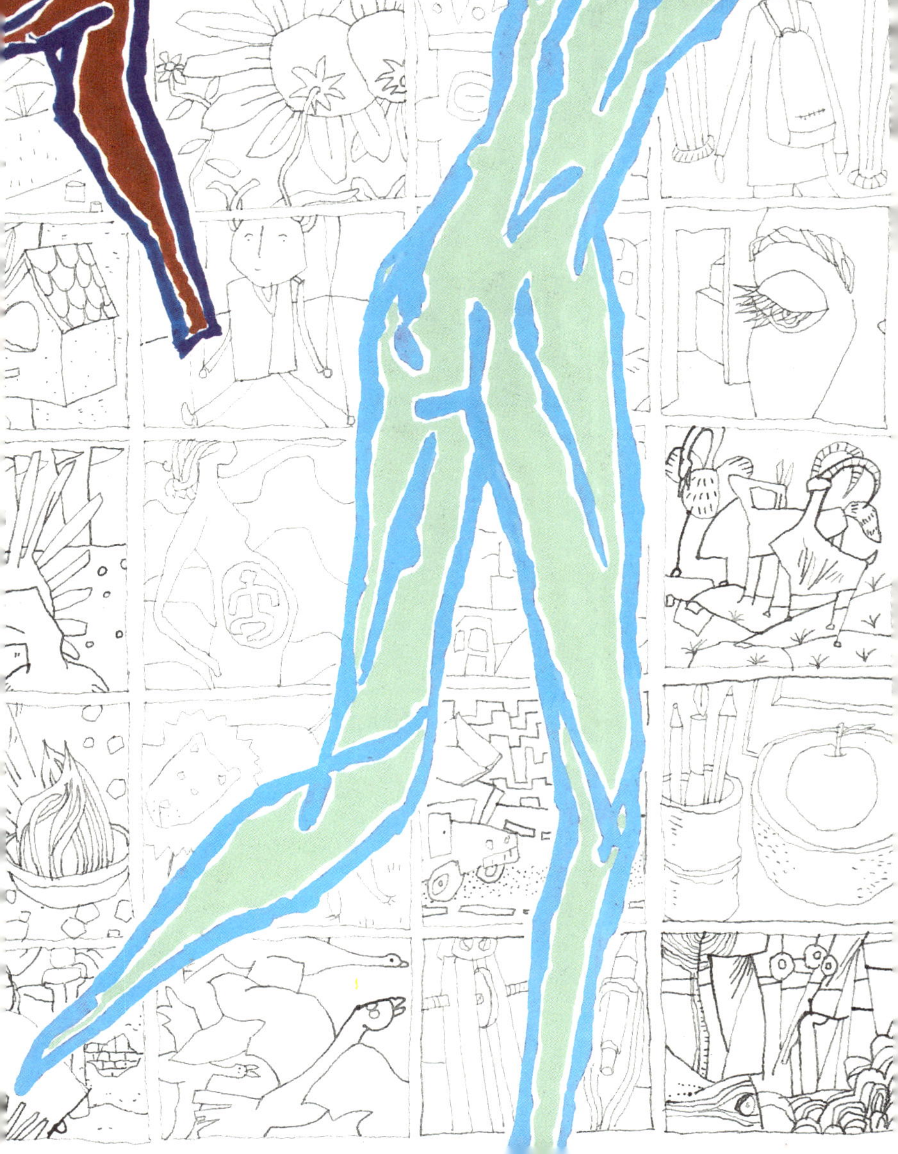

Quand irons-nous, par-delà les grèves et les monts, saluer la naissance du travail nouveau, la sagesse nouvelle, la fuite des tyrans et des démons, la fin de la superstition, adorer – les premiers ! – Noël sur la terre !

Arthur Rimbaud

Utopistes

Si j'étais des vôtres
les réalistes
je ne pavoiserais point
Je regarderais le monde
et je dirais : « Voici mon œuvre »
et j'en mourrais de honte

Michèle Saint-Lô

Imagine

Imagine there's no heaven
It's easy if you try
No hell below us
Above us only sky
Imagine all the people
Living for today...

Imagine there's no countries
It isn't hard to do
Nothing to kill or die for
And no religion too
Imagine all the people
Living life in peace...

Imagine no possessions
I wonder if you can
No need for greed or hunger
A brotherhood of man
Imagine all the people
Sharing all the world...

You may say I'm a dreamer
But I'm not the only one
I hope someday you'll join us
And the world will be as one*

John Lennon

- **Emerson,** *Civilization*
- **George Santayana,** *Dialogue dans les limbes* (droits réservés)
- **Walt Whitman,** *Feuilles d'herbe*, trad. Roger Asselineau, Aubier, 1989
- **Nazim Hikmet,** *Anthologie poétique*, trad. du turc par Charles Dobzynski, Scandéditions, 1993 (droits réservés)
- **Robert Desnos,** « La voix » in *Contrée* recueilli dans *Calixto* suivi de *Contrée*, Gallimard
- **Vitezslav Nezval,** *Poèmes choisis*, trad. par Milosz Sova, Seghers
- **William Blake,** *Carnet de notes 1800-1803*, trad. par Cazamian, Aubier
- **Jean Malrieu,** *Une ferveur brûlée*, CRDP Midi-Pyrénées, 1995
- **George Bernard Shaw,** *Maxims for Revolutionnists*
- **Jean Debruyne,** « Les mots vieillis » in *Les trois saisons d'aimer*, Desclée, Paris, 1981
- **Boris Vian,** *Je voudrais pas crever*, Société Nouvelle des Éditions Pauvert, 1979
- **Edwin Castro,** « Le Sang de la Liberté » in *Poésies politiques d'Amérique centrale*, trad. par Claude Bleton, éd. du Cerf, 1979
- **André Malraux,** *Le Miroir des Limbes. Tome 2 : La corde et les souris*, coll. « Folio », Gallimard, 1979
- **Thomas More,** *L'Utopie* (1516), Librairie Droz s.a., 1983
- **Michel Leiris,** « Social » in *Autres Lancers*, recueilli dans *Haut Mal*, coll. « Poésie », Gallimard, 1969
- **Gracchus Babeuf,** « Le manisfeste des Égaux » in *Écrits*, Scandéditions, 1988
- **Paul Eluard** (sous le pseudonyme de Didier Desroches), « Notre vie » in *Le Temps déborde*, recueilli dans *Derniers poèmes d'amour*, Seghers
- **Martin Luther King,** « Discours de Washington - 1963 » in *Je fais un rêve*, Bayard Éditions, 1987, pour l'édition française
- **Julos Beaucarne,** texte inédit de 1991, avec l'aimable autorisation des Éditions LH France
- **Paul Fort,** *Ballades françaises*, Flammarion, 1963
- **Georges Moustaki,** « Déclaration », éd. Paille Musique
- **Cheih Tsi Sse,** cité in L. Thoorens, *Panorama des Littératures*, Marabout

• **Isabelle Eberhart,** *Écrits intimes*, Payot, 1998

• **Pablo Neruda,** *J'avoue que j'ai vécu* in *Paix sur la terre*, trad. par Claude Couffon, coll. « Folio », Gallimard, 1987

• **Vladimir Maïakovski,** *Poèmes 1913-1917*, trad. par Claude Frioux, Messidor (droits réservés)

• **Vladimir Maïakovski,** *ibid.*

• **Raoul Follereau,** *Aimer-Agir*, Flammarion, 1974

• **Arthur Rimbaud,** « Matin », in *Une saison en enfer,* Délires II

• **Michèle Saint-Lô,** *les marins du temps, Seghers*

• **John Lennon** (paroles & musique), *Imagine*, © 1971 by Lenono Music. Pour la France et territoires Sacem : C/O EMI Music Publishing France S.A., avec leur aimable autorisation

*Imaginez

Imaginez qu'il n'y ait pas de paradis / C'est facile, il suffit d'essayer / Pas d'enfer en dessous / Au-dessus, juste du ciel / Imaginez tous les Hommes / Vivant pour le jour présent…

Imaginez qu'il n'y ait pas de pays / Ce n'est pas difficile à faire / Aucune raison de tuer ou de mourir / Et aucune religion non plus / Imaginez tous les Hommes / Vivant leur vie en paix…

Imaginez qu'il n'y ait pas de possession / Je me demande si vous le pouvez / Pas d'avidité, pas de faim / Une fraternité d'Homme / Imaginez tous les Hommes / Partageant le monde entier…

Vous me direz peut-être que je suis un rêveur / Mais je ne suis pas le seul / J'espère qu'un jour vous nous rejoindrez / Et le monde ne fera plus qu'un

Nous remercions messieurs les auteurs et éditeurs qui ont bien voulu nous autoriser à reproduire ces textes ou fragments de textes dont le copyright reste leur propriété. Malgré nos efforts, nous n'avons pu, pour certains textes, en identifier les ayants droit. Nous prions ceux-ci de bien vouloir prendre contact avec nous afin de combler ces lacunes.

IDÉAL